AF200890

Impressum
Verlag: BABADADA GmbH, Nedderfeld 112 , 22529 Hamburg
Geschäftsführer / Verlagsleitung: Harald Hof
Druck: Books on Demand GmbH, In de Tarpen 42, 22848 Norderstedt

Imprint
Publisher: BABADADA GmbH, Nedderfeld 112 , 22529 Hamburg, Germany
Managing Director / Publishing direction: Harald Hof
Print: Books on Demand GmbH, In de Tarpen 42, 22848 Norderstedt, Germany

sekolah

ቤት-ትምህርቲ

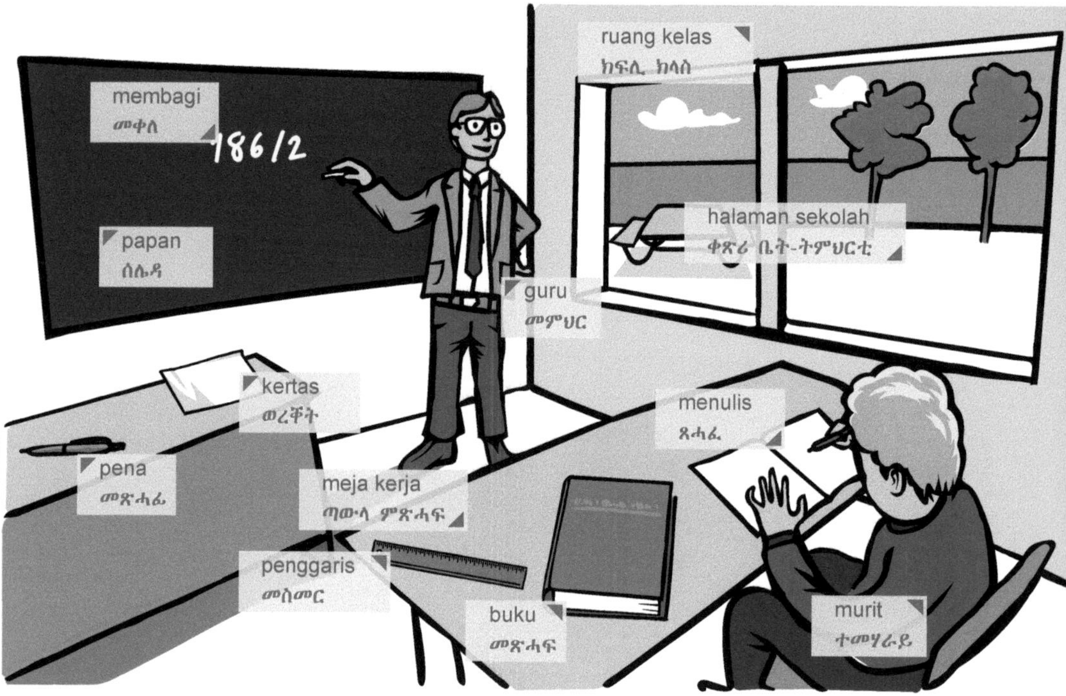
ruang kelas
ክፍሊ ክላስ
membagi
መቀለ
186/2
papan
ሰሌዳ
halaman sekolah
ቀጽሪ ቤት-ትምህርቲ
guru
መምህር
kertas
ወረቐት
menulis
ጸሓፈ
pena
መጽሓፊ
meja kerja
ጣውላ ምጽሓፍ
penggaris
መስመር
buku
መጽሓፍ
murit
ተመሃራይ

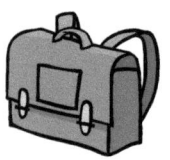

tas sekolah

ሳንጣ ትምህርቲ

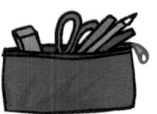

tempat pensil

ሰፈር ብርዒ

pensil

ርሳስ

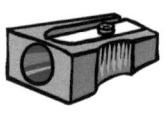

pengasah pensil

መብልሒ ርሳስ

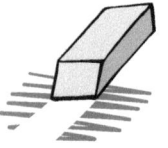

penghapus

መደምሰሲ

kertas gambar

ጥራዝ ስእሊ

gambar

ስእሊ

kuas

ብሩሺ ቀለም

kotak cat

ቦክስ ቀለም

gunting

መቐስ

lem

መጣበቒ

buku latihan

ጥራዝ መላመዲ

pekerjaan rumah

ዕዮ ገዛ

12

angka

ቁጽሪ

2+2

tambhakan

ወሰኽ

5-2

mengurangi

ጎደለ

2×2

mengalikan

ረብሓ

menghitung

ደመረ

A

huruf

ፊደል

ABCDEFG
HIJKLMN
OPQRSTU
VWXYZ

alfabet

ስርዓት ፊደላት

kata

ቃል

teks

ጽሑፍ

membaca

አነበበ

kapur

ኩርሽ

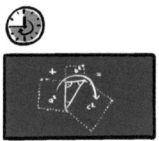

pelajaran

ሰዓት

daftar

መዝገብ ክላስ

ujian

መርመራ

sertifikat

ሰርቲፊከት

seragam sekolah

ድቢዛ ቤትትምህርቲ

pendidikan

ትምህርቲ

ensiklopedi

ለክሲኮን

universitas

ዩኒቨርሲቲ

mikroskop

ሚክሮስኮፕ

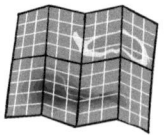

peta

ካርታ

tempat sampah

ጎሓፍ ወረቐት

Grand
ROOMS
hotel
መቐበሊ ኣጋይሽ
hostel
ሆስተል
kantor pertukaran mata uang
ቦታ ቕያር ገንዘብ
koper
ባሊጃ
mobil
መኪና

bahasa
ቋንቋ

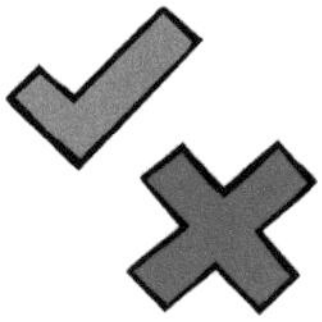
ya / tidak
እወ / ኖ

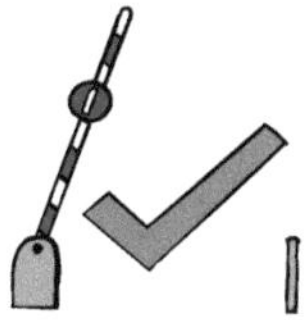
okay
ሕራይ

hallo
ሰላም

penerjemah
ኣስተርጓሚ

terima kasih
የቐንየለይ

Berapa harganya…?

. . . ክንደይ ዋግኡ?

saya tidak mengerti

አይተረድኣኹን

masalah

ሽግር

Selamat malam!

ሰላም ምሽት!

Selamat siang!

ከመይ ሓዲርካ

Selamat tidur!

ሰላም ለይቲ

sampai jumpa

ደሓን ኩን

arah

አንፈት

bagasi

ጉዓዝ

tas

ሳንጣ

ransel

ሳንጣ ሕቖ

tamu

ጋሻ

ruang

ክፍሊ

kantong tidur

ክሻ መደቀሲ

tenda

ቴንዳ

informasi wisata

ሓበሬታ በጻሕቲ ሃገር

pantai

ገምገም ባሕሪ

kartu kredit

ክሬዲት ካርድ

sarapan

ቁርሲ

makan siang

ምሳሕ

makan malam

ድራር

tiket

ቲከት

elevator

ሊፍት

perangko

ማሕተም ደብዳበ

perbatasan

ዶብ

cukai

ድንና

kedutaan

ኣምበሲ

visa

ቪዛ

paspor

ፓስፖርት

transportasi

መጓዓዝያ

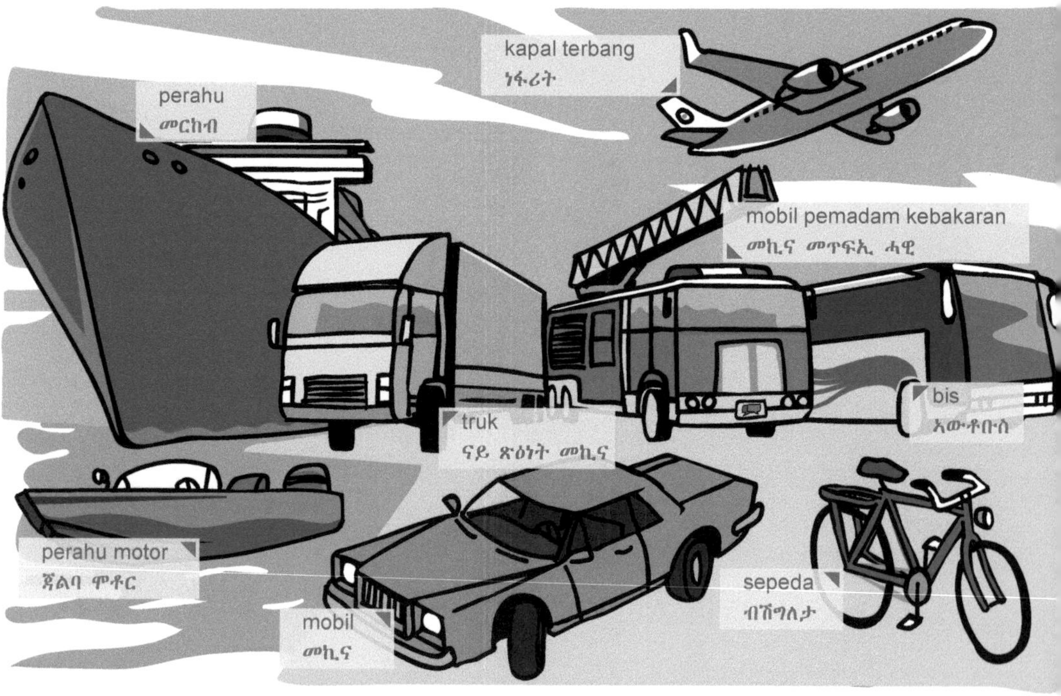
kapal terbang
ነፋሪት
perahu
መርከብ
mobil pemadam kebakaran
መኪና መጥፍኢ ሓዊ
bis
ኣውቶቡስ
truk
ናይ ጽዕነት መኪና
perahu motor
ጃልባ ሞቶር
sepeda
ብሽግለታ
mobil
መኪና

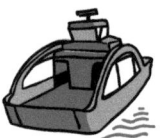

feri

ፈሪ

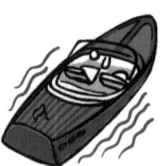

perahu

ጃልባ

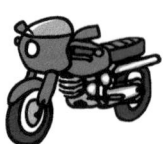

sepeda motor

ሞቶ

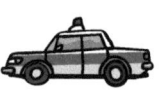

mobil polisi

መኪና ፖሊስ

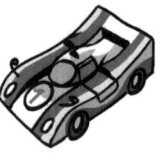

mobil balapan

መኪና ቅድድም

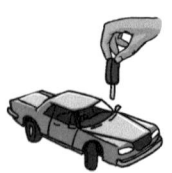

mobil sewa

ክራይ መኪና

berbagi mobil

ምውፋይ መካይን

truk derek

መወሰዲ መኪና

truk sampah

መኪና ጎሓፍ

motor

ሞቶር

bahan bakar

ነዳዲ

bensin

እንዳ ነዳዲ

tanda lalulintas

ምልክት ትራፊክ

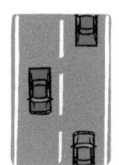

lalulintas

ትራፊክ

macet

ምጭቅጫቅ ትራፊክ

parkir mobil

መዕሸጊ መኪና

stasiun kereta

መዕረፊ ባቡር

trek

ሓዲግ

kereta api

ባቡር

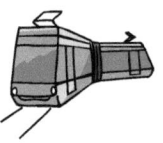

tram

ትረም

gerobak

ባጎኒ

helikopter

ሄሊኮፕተር

bendara

መዓረፍ ነፈርቲ

menara

ታወር

penumpang

ተጓዓዚ

container

ኮንተይነር

karton

ሳንዱቕ ካርቶን

troli

ኮርሳ ጽዕነት

keranjang

ዘንቢል

berangkat / mendarat

ተበገሰ / ዓለበ

kota

ከተማ

desa

ቀፀኘት

pusat kota

ማእከል ከተማ

rumah

ገዛ

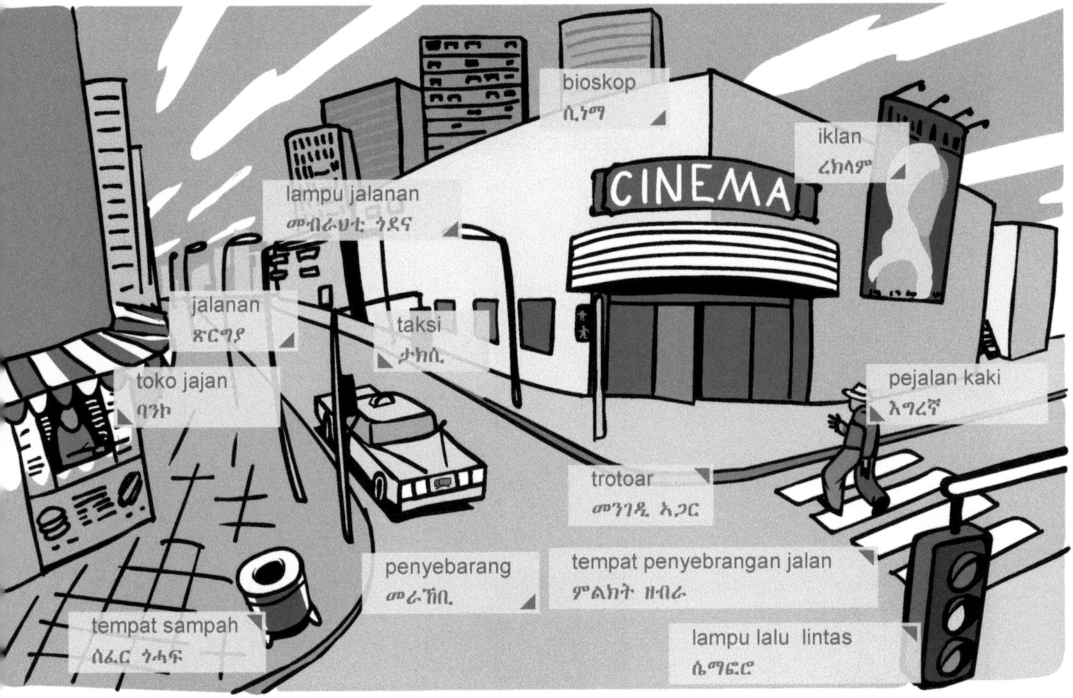

bioskop
ሲነማ

iklan
ረክላም

lampu jalanan
መብራህቲ ጎደና

jalanan
ጽርግያ

taksi
ታክሲ

toko jajan
ባንኮ

CINEMA

pejalan kaki
እግረኛ

trotoar
መንገዲ ኣጋር

penyebarang
መራኸቢ

tempat penyebrangan jalan
ምልክት ዘብራ

tempat sampah
ሰፈረ ጎሓፍ

lampu lalu lintas
ሴማፎር

gubuk
....
ኣጎዶ

rumah flat
....
ኣፓርትመንት

stasiun kereta
....
መዕረፊ ባቡር

balai kota
....
ቤት ምምሕዳር

museum
....
ቤተ መዘክር

sekolah
....
ቤት-ትምህርቲ

universitas

ዩኒቨርሲቲ

bank

ባንክ

rumah sakit

ሆስፒታል

hotel

መቐበሊ ኣጋይሽ

farmasi

ቤት መድሃኒት

kantor

ቤት ጽሕፈት

toko buku

ዱኳን መጽሓፍቲ

toko

ዱኳን

toko bunga

ዱኳን ዕንባባ

supermarket

ሱፐርማርከት

pasar

ዕዳጋ

toko serba ada

ሹቅ

nelayan

ነጋዳይ ዓሳ

pusat belanja

ሹቅ

pelabuhan

መርሳ

taman

መዘናግኒ

banku

ባንኪ

jembatan

ድልድል

tangga

መደያይቦ

kereta bawah tanah

ባቡር ትሕቲ ምድሪ

terowongan

ቢንቶ

pemberhantian bis

መዕረፊ አውቶቡስ

bar

ቤት መስተ

restauran

ቤት-መግቢ

kotak surat

ሰታሪት

tanda jalan

ታቤላ

meteran parkir

ሰዓት ፓርኪንግ

kebun binatang

መካነ እንስሳታት

kolam renang

መሓምበሲ

mesjid

መስጊድ

pertanian

ቤት ሕርሻ

polusi

ብከላ

kuburan

መቓበር

gereja

ቤተክርስትያን

tempat bermain

ቦታ ምጽዋት

pura

ቤት መቕደስ

pemandangan
ስእሊ መሬት

daun
ኣቝጽልቲ

penunjuk arah
መሕበሪ መገዲ

jalanan
መገዲ

padang rumput
ሸኻ

batu
እምኒ

pohon
ኣግራብ

pejalak kaki
ኮብላሊ

sungai
ፈለግ

rumput
ሳዕሪ

bunga
ዕንባባ

lembah

ስንጭሮ

bukit

ጎቦ

danau

ቀላይ

hutan

ዱር

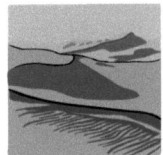

padang gurun

ምድረ በዳ

gunung berapi

እሳተ-ጎመራ

istana

ግምቢ

pelangi

ቀስተ-ደመና

jamur

ቃንጦሻ

pohon palem

ዓርኮብኮባይ

nyamuk

ጥንጡ

lalat

ዝመጣ

semut

ጻጻ

lebah

ንህቢ

laba-laba

ሳሪት

kumbang

ሕንዚዝ

kodok

ዕንቅርያብ

tupai

ምጽጹላይ

landak

ቅንፍዝ

kelinci

ማንቲለ

burung hantu

ጉንን

burung

ጭሩ

angsa

ስዋን

babi jantan

መፍለስ

rusa

ዓጋዝን

rusa

ሙስ

bendungan

ግድብ

turbin angin

ተርባይን ንፋስ

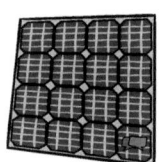

panel surya

ሶላር ስርሓት

iklim

ኩነታት ኣየር

restauran

ቤት-መግቢ

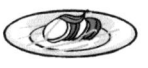

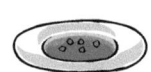

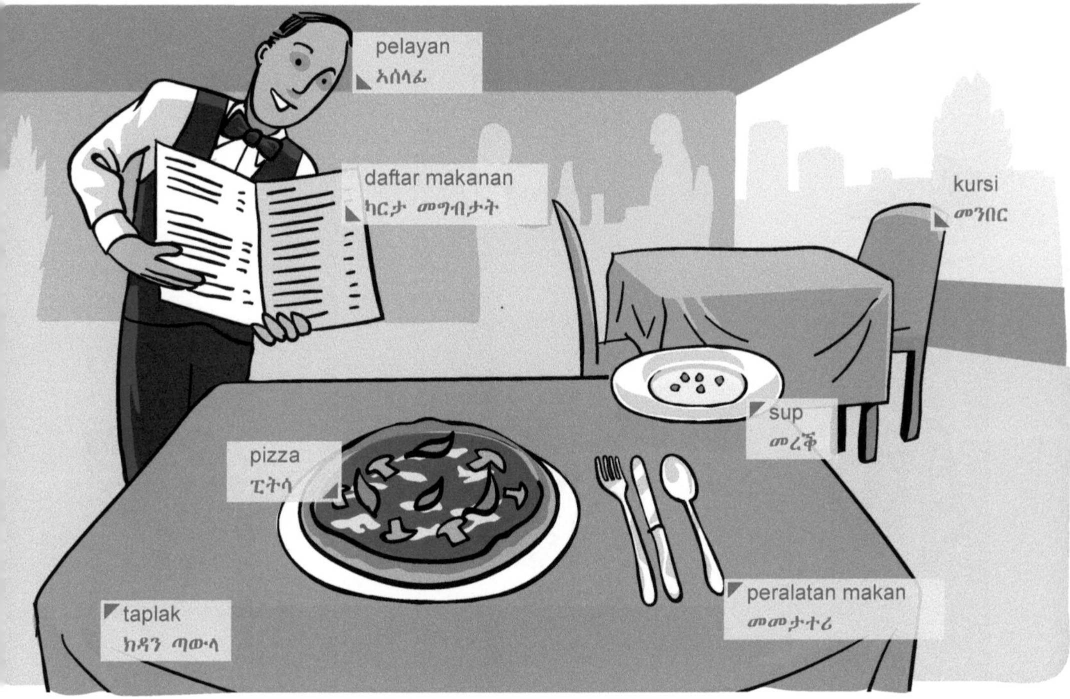

pelayan
ኣሰላፊ
daftar makanan
ካርታ መግብታት
kursi
መንበር
sup
መረቕ
pizza
ፒትሳ
peralatan makan
መመታተሪ
taplak
ክዳን ጣውላ

hindangan pembuka

ቅድመ ቀንዲ መግቢ

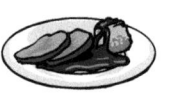

hidangan utama

ቀንዲ መኣዲ

hidangan penutup

ድሕረ መግቢ

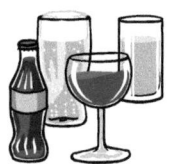

minuman

መስተ

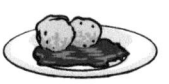

makanan

መግቢ

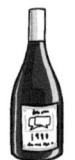

botol

ጥርሙዝ

fastfood

ስሉጥ መግቢ

masakan jalanan

መግቢ ጽርግያ

teko teh

ብርጭቆ ሻሂ

kaleng gula

ታኒካ ሽኮር

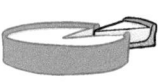

porsi

ክፋል

mesin espresso

ማሺን ኤስፐረሶ

kursi tinggi

ነዊሕ መንበር

tagihan

ጸብጻብ

baki

ታብለት

pisau

ካራ

garpu

ፉርከታ

sendok

ማንካ

sendok teh

ማንካ ሻሂ

serbet

ሰርቪየተ

gelas

ብኬሪ

piring

ሸሓኒ

piring sup

ሸሓኒ መረቕ

lepek

ትሕቲ ኩባያ

saus

ጸብሒ

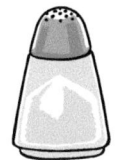

tempat garam

ወሃቢ ጨው

gilingan merica

መጥሓን በርበረ

cuka

አቾቶ

minyak

ዘይቲ

bumbu

ቀመም

saus tomat

ከቻፕ

mustar

አድሪ

mayones

ማዮኔዝ

supermarket

ሱፐርማርክት

penawaran khusus
ወፈያ
FOR
klien
ዓሚል
produk susu
ፍርያታት ጸባ
buah
ፍረታት
troli
ሰረገላ ዱኳን

BUTCHERS

pembantai

እንዳ ስጋ

BAKERY

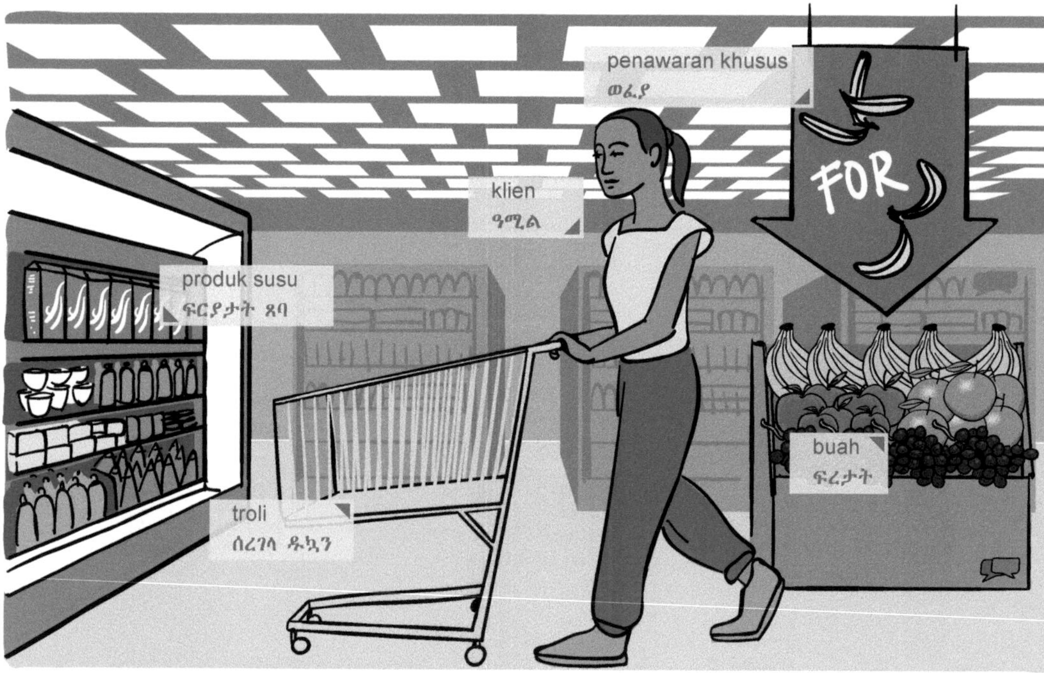

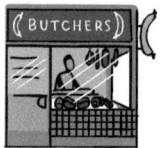

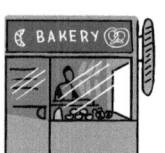

toko roti

እንዳ ባኒ

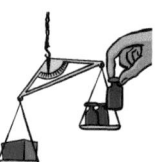

menimbang

ክብደት

sayur

ኣሕምልቲ

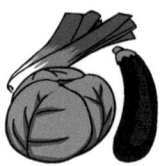

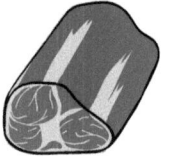

daging

ስጋ

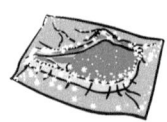

makanan beku

መግቢ ፍሪጅ በረድ

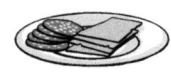

pemotongan dingin

ዝሑል ቅሩብ መግቢ

makanan kaleng

እስቃጣላ

sabun serbuk

ኦሞ

permen

ምቁር መግቢ

alat-alat rumah tangga

ዘቤታውያን ኣቕሑ

obat pembersihan

ናውቲ መጽረዪ

penjual

ሸቃጣይ

kasa

ካሳ

kasir

ተሓዝ ገንዘብ

daftar belanja

ዝርዝር ምግዛእ

jam buka

ክፉት ሰዓታት

dompet

ማሕፉዳ

kartu kredit

ክረዲት ካርድ

tas

ሳንጣ

kantong plastik

ፌስታል

air

ማይ

jus

ጅማቆ

susu

ጸባ

cola

ኮላ

anggur

ነቢት

bir

ቢራ

alkohol

ኣልኮል

coklat

ካካው

teh

ሻሂ

kopi

ቡን

espresso

ኤስፕረሶ

cappucino

ካፑቺኖ

pisang

ባናና

apel

ቱፋሕ

jeruk

አራንሺ

semangka

ብርጭቆ

jeruk lemon

ለሚን

wortel

ካሮት

bawang putih

ጸዕዳ ሽጉርቲ

bambu

ባምቡስ

bawang bombai

ሽጉርቲ

jamur

ቅንጥሻ

kacang

ፉል

mi

ፓስታ

spagetti

ስፓገቲ

nasi

ሩዝ

salat

ሰላጣ

kentang goreng

ቅልዋ ድንሽ

kentang goreng

ቅሉው ድንሽ

pizza

ፒትሳ

hamburger

ሃምቡርገር

sandwich

ፓኒኖ

sayatan

ቢስተካ

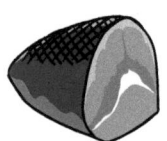

ham

ሰለፍ ሓሰማ

salami

ሳላሚ

sosis

ግዕዝም

ayam

ደርሆ

menggoreng

ቀለወ

ikan

ዓሳ

bubur gandum

ገዓት

sereal

ሙስሊ

cornflakes

ኮርንፍለይክስ

tepung

ሓርጭ

croissant

ክሮሶን

roti

ባኒ

roti

ባኒ

toast

ቶስት

biskuit

ብሽኩቲ

mentega

ጠስሚ

dadih

ርጎኦ

kue

ፓስተ

telur

እንቋቍሓ

telur goreng

ቅሉው እንቋቍሓ

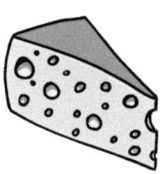

keju

ፉርማጆ

eskrim

አይስ ክሪም

gula

ሽኩር

madu

መዓር

selai

ጁም

krim nugat

ኑጋት-ክረም

kare

ኩሪ

rumah peternakan
ቤት ሕርሻ

bale jemari
ሓሰር ቦንዳ

lumbung
መኽዘን

lapangan
ግራት

kuda
ፈረስ

kereta gandeng
ተስሓቢ

traktor
ትራክተር

anak kuda
ዒሉ

keledai
ኣድጊ

domba
በጊዕ

domba
ዕየት

kambing
....
ጤል

sapi
....
ብዕራይ

betis
....
ምራኽ

babi
....
ሓሰማ

celeng
....
ውላድ ሓሰማ

banteng
....
ኣርሓ

angsa

ዓሳ

bebek

ማይ ደርሆ

anak ayam

ጫቊፊት

ayam

ደርሆ

ayam jantan

አርሓ ደርሆ

tikus

አንጪዋ ዓባይ

kucing

ድሙ

tikus

አንጪዋ

lembu

ብዕራይ

anjing

ከልቢ

rumah anjing

አጉዶ ከልቢ

selang

ቱባ ጀርዲን

penyiram

መዝሪፊ ማይ

sabit

ዓቢ ማዕጺድ

bajak

ማሕረሻ

sabit

ማዕጺድ

cangkul

ጭኳሮ

garpu rumput

መስአ

kapak

ፋስ

gerobak

ዓረብያ ኢድ

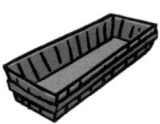

palung

ጋብላ

kaleng susu

ብርጭቆ ጸባ

karung

ክሻ

pagar

ሓጹር

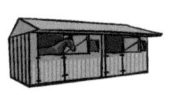

kandang

መንሰስ

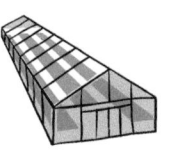

rumah kaca

ቬጠልያ ገዛ

tanah

ባይታ

benih

ዘርኢ

pupuk

ድኹዒ

mesin pemanen

ዘጣምር ቀውዓይ

panen

ቀውዐ

panen

ጻጋ

yams

ድንሽ ያም

gandum

ስርናይ

kedelai

ሶያ

kentang

ድንሽ

jagung

ዕፉን

lobak

ራፕስ

pohon buah

ገረብ ፍረታት

singkong

ማኒኦክ

sereal

አእኻል

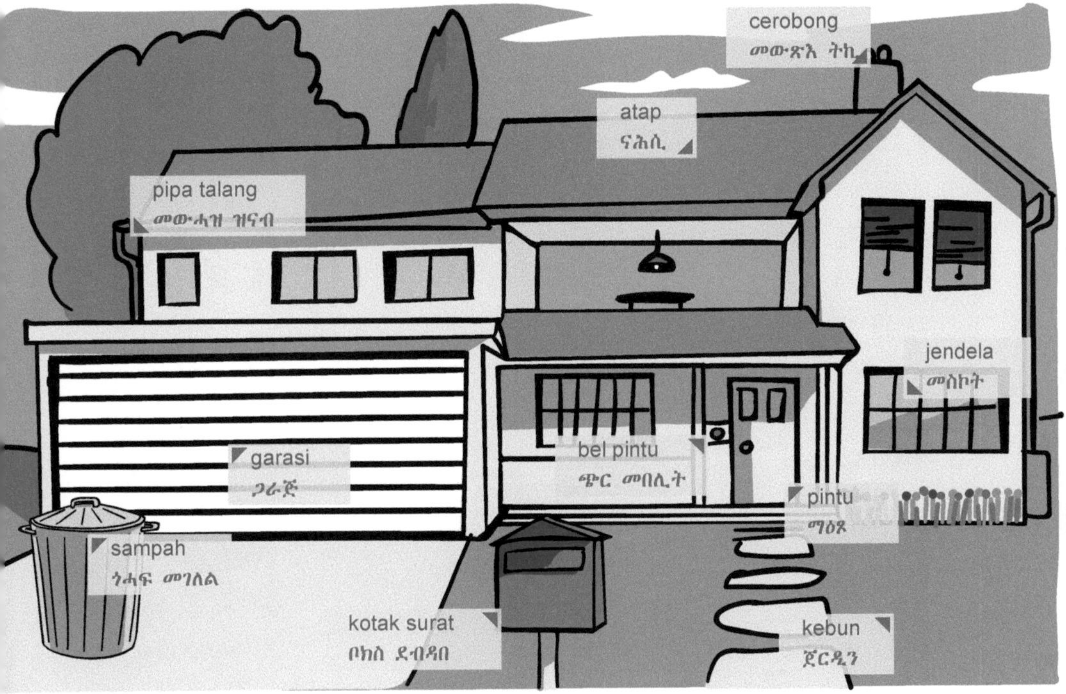

cerobong
መውጽእ ትኪ

atap
ናሕሲ

pipa talang
መውሓዝ ዝናብ

jendela
መስኮት

garasi
ጋራጅ

bel pintu
ጭር መበሊት

pintu
ማዕፆ

sampah
ጎሓፍ መገለል

kotak surat
ቦክስ ደብዳቤ

kebun
ጀርዲን

ruang tamu

ክፍሊ ምቕማጥ

kamar mandi

ክፍሊ ባንዮ

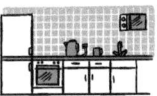

dapur

ክሽን

kamar tidur

ክፍሊ መደቀሲ

kamar anak

ክፍሊ ቆልዑ

kamar makan

መመገቢ ክፍሊ

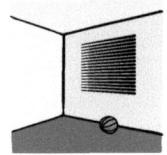

lantai

ባይታ

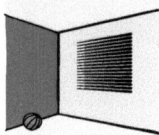

tembok

መንደቅ

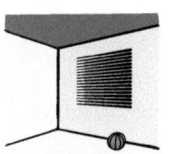

atap

ከቦርታ

gudang di bawah tanah

ካንቲና

sauna

ሳውና

balkon

ባልኮን

teras

ዛላ

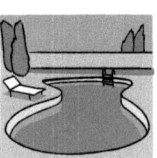

kolam renang

መሕምበሲ

mesin pemotong rumput

መቖረጺ ሳዕሪ

sprei

ኣንሶላ ዓራት

selimut

ከቦርታ ዓራት

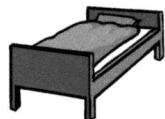

tempat tidur

ዓራት

sapu

መኰስተር

ember

መገለል

tombol

መወልዒት

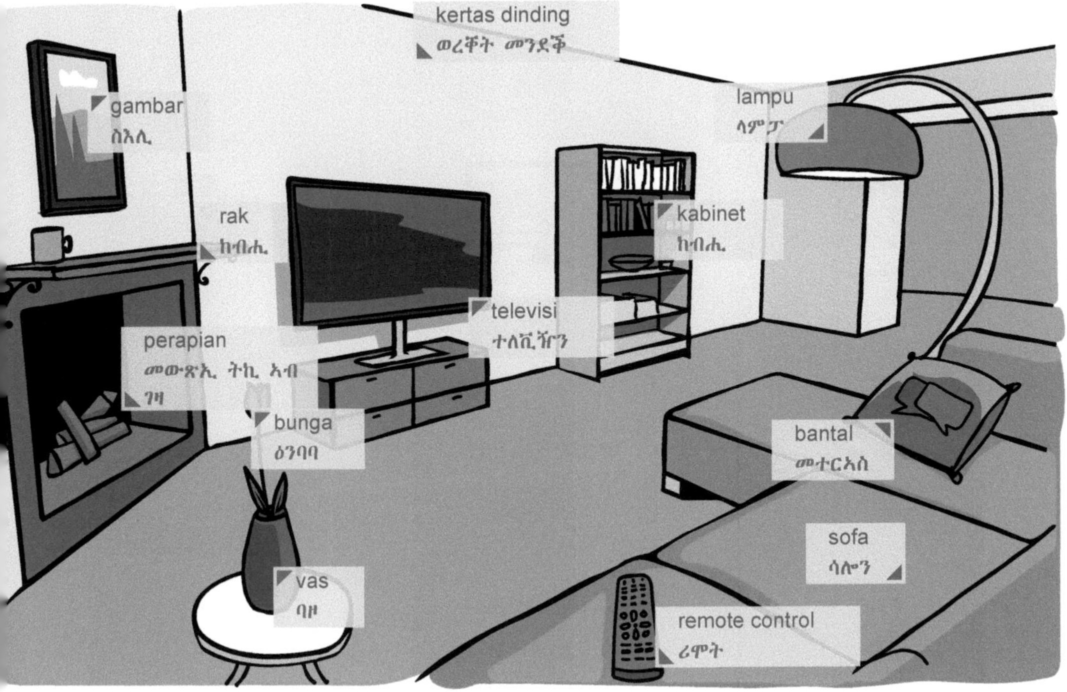

kertas dinding
ወረቐት መንደቕ

gambar
ስእሊ.

lampu
ላምፓ

rak
ከብሒ

kabinet
ከብሒ.

televisi
ተለቪዥን

perapian
መውጽኢ. ትኪ አብ ገዛ

bunga
ዕንባባ

bantal
መተርአስ

sofa
ሳሎን

vas
ባዞ

remote control
ሪሞት

karpet

መንጻፍ

korden

መጋረጃ

meja

ጣውላ

kursi

መንበር

kursi goyang

ሰለል ዝብል መንበር

kursi malas

መንበር ም'ቐእ

buku

መጽሐፍ

selimut

ከቦርታ

dekorasi

ስልማት

kayu bakar

እንጨይቲ ሓዊ

filem

ፊልም

hi-fi

ስተረዮ

kunci

መፍትሕ

koran

ጋዜጣ

lukisan

ቕብኣ

poster

ፖስተር

radio

ረድዮ

buku tulis

ጥራዝ

penyedot debu

መልገሲ ደርና

kaktus

በለስ

lilin

ሽምዓ

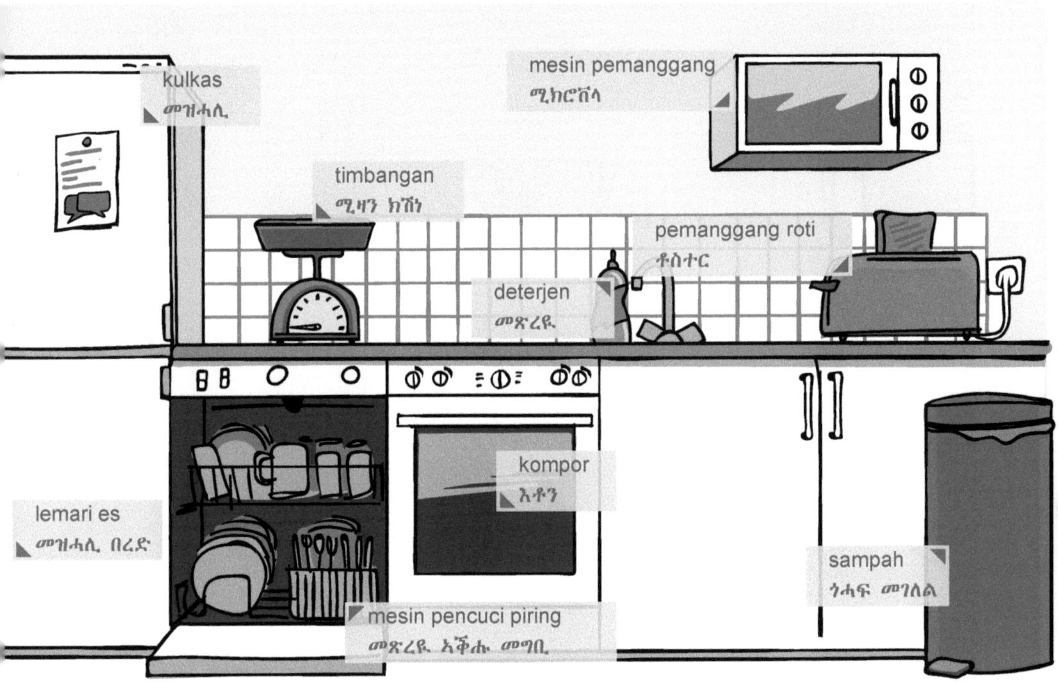

kulkas
መዝሓሊ

mesin pemanggang
ሚክሮቨላ

timbangan
ሚዛን ክሽነ

deterjen
መጽረዪ

pemanggang roti
ቶስተር

kompor
እቶን

lemari es
መዝሓሊ በረድ

sampah
ጎሓፍ መገለል

mesin pencuci piring
መጽረዪ ኣቅሑ መግቢ

kompor

መኽሽኒ

panci

ድስቲ

panci besi

ድስቲ ሓጺን

wajan

ቾክ/ካዳይ

panci

ባደላ

pemanas air

መውዓዪ ማይ

panci pengukus makanan

መፍልሒ

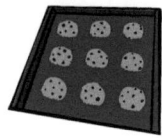

nampan

ንንቴራ ምስንካት

piring

ኣቕሑ መግቢ

cangkir

ብርጭቆ

mangkok

ጭሓሎ

sumpit

ማንካቺና

sendok sup

ማንካ መረቕ

sudip

መገልበጢ ባደላ

mengocok

መኹስተር ውርጪ

saringan

መንፊት መግቢ

saringan

መንፊት

parutan

መፋሕፋሒ

mortir

ሞርታር

barbeque

ባርቢክዩ

api terbuka

ስፍራ ሓዊ

36   **dapur - ክሽነ**

papan memotong

እንጨይቲ ምምታC

gilingan

እንጨይቲ ኮረC

alat pembuka botol

መኽፈት ቡሽ

kaleng

ታኒካ

pembuka kaleng

መኽፈቲ ታኒካ

pegangan panci

ጨርቂ ድስቲ

wastafel

ቡምባ

sikat

አስባስላ

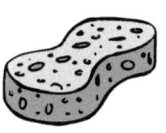

busa

ሰፍነግ

mesin pencampur

ሓዋሲ አደባላቒ

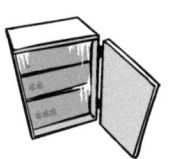

lemari es

መዝሓሊ በረድ

botol bayi

ጥርሙዝ ማማይ

keran

ቡምባ ማይ

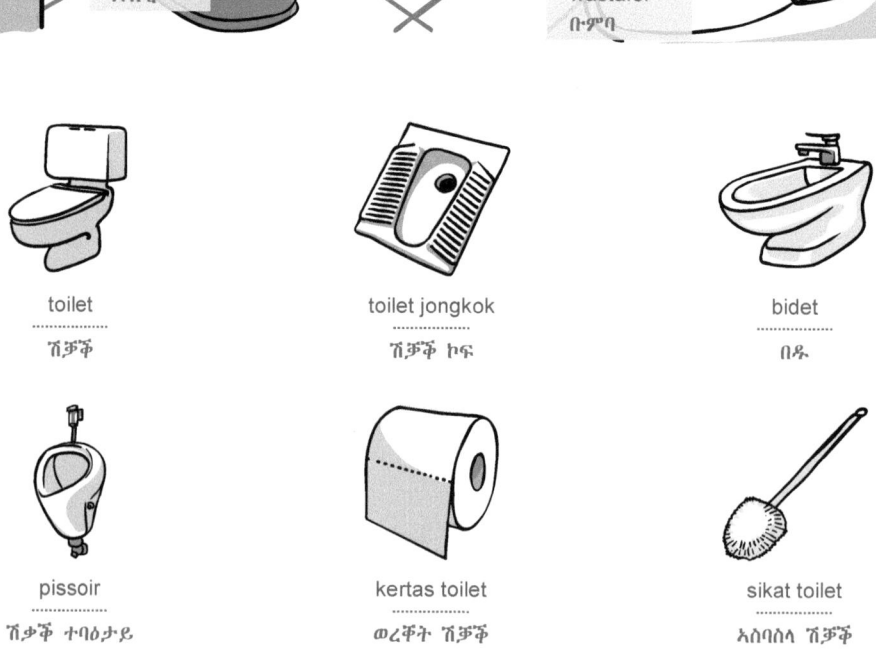

mesin pemanas
መውዓዪ

mandi
መሕጸቢ ሻወር

handuk
ሽጎማኖ

tirai kamar mandi
ሻወር መጋረጃ

mandi busa
መሕጸቢ ዓፍራ

bak mandi
ባንዮ መሕጸቢ

gelas
ብኬሪ

mesin cuci
ሓጻቢት

keran
ቡምባ ማይ

ubin
ማጎነላ

pispot
ድስቲ

wastafel
ቡምባ

toilet	toilet jongkok	bidet
ሽቓቕ	ሽቓቕ ኮፍ	በዱ

pissoir	kertas toilet	sikat toilet
ሽቓቕ ተባዕታይ	ወረቐት ሽቓቕ	ኣስባስላ ሽቓቕ

sikat gigi

አሰባስላ ስኒ

pasta gigi

ክሬማ ስኒ

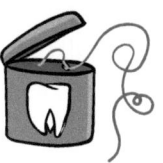

benang gigi

ሃሪ ስኒ

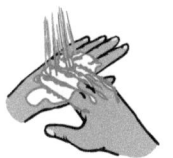

menyuci

ሓጸበ

pancuran tangan

ዱሽ ኢድ

pancuran

ዱሽ

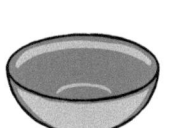

bak

ብርጭቆ ምሕጻብ

sikat punggung

አሰባስላ ሕቖ

sabun

ሳምና

gel mandi

ሻወር ጀል

sampo

ሻምፑ

planel

ጨርቂ መሕጸቢ

kuras

መውሓዚ

krim

ክሬማ

deodoran

ደዖ ጨና

kaca

መስትያት

cermin tangan

ናይ ኢድ መስትያት

pisau cukur

መላጻ

busa cukur

ዓፍራ ምልጻይ

aftershave

ጨና ድሕሪ ምልጻይ

sisir

መመሸጥ

sikat

አሰባስላ

alat pengering rambut

መንቐጺ ጸግሪ

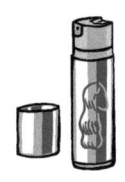

semprot rambut

ስፕረይ ጸግሪ

makeup

መመላኸዊ

lipstik

ብርዒ ቀለም ከንፈር

cat kuku

አዝማልቶ

kapas

ጻምሪ ጡጥ

gunting kuku

መስደዲ ጽፍሪ

minyak wangi

ጨና

kantong pencuci

ሳንጣ መሕጸቢ

bangku

ድኳ

timbangan

ሚዛን

mantel mandi

ክዳን መሕጸቢ

sarung tangan karet

ጓንቲ መጸረዪ

tampon

ታምፖን

handuk pembalut

ጨርቂ ሰበይቲ

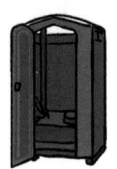

toilet kimia

ሸቓቕ ከሚስትሪ

kamar anak

ክፍሊ ቆልዑ

jam alarm
ኣላርም መተስኢ
boneka tidur
መጻወቲ እንስሳ
mobil-mobilan
መጻወቲ መኪና
kelintung
ኳሕኳሕ መበሊ
rumah boneka
ቤት ባምቡላ
kado
ህያብ

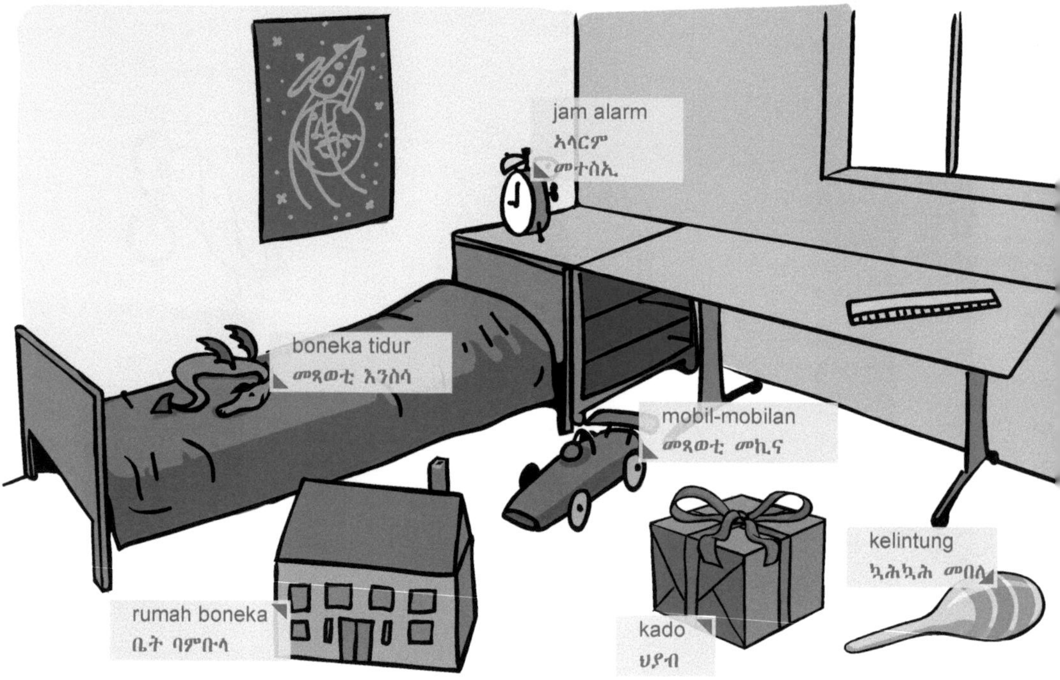

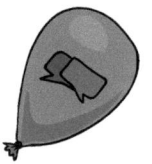

balon

ባላንችና

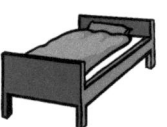

tempat tidur

ዓራት

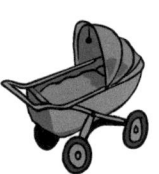

kereta bayi

ሰረገላ ህጻን

mainan kartu

ጸወታ ካርታ

teka-teki

ሕንቅሊተይ

SUPER
MEGA

komik

ኮሚዲ

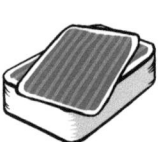

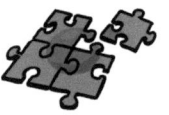

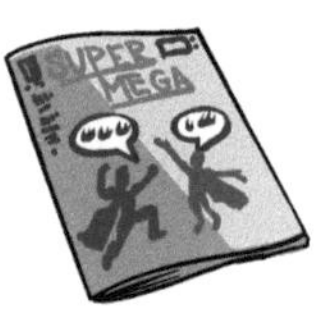

mainan lego

እምነታት መጻወቲ ለጎ

blok mainan

መጻወቲ እምነታት

figur aksi

በዓል አክሽን

baju monyet

ክዳን ማማይ

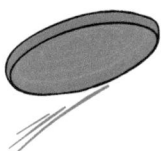

frisbee

ፍሪስቢ

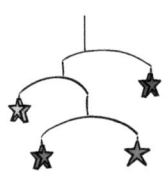

mobile

ሞባይል ማማይ

permainan papan

ጸወታ ሰሌዳ

dadu

ኩቦ

set model kreta api

ሞደል ባቡር ምድሪ

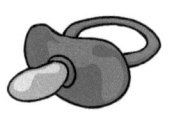

dot

ዓባስ

pesta

ፓርቲ

buku gambar

መጽሓፍ ስእሊ

bola

ኩዕሶ

boneka

ባምቡላ

bermain

ተጻወተ

tempat main pasir

መጻወቲ ሑጻ

ayunan

ሰላል

mainan

መጻወቲታት

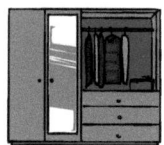

video game konsol

ኮንሶል ቪድዮ

sepeda roda tiga

መጻወቲ ሰለስተ መንኮርኮር

teddy

ተዲ

lemari pakaian

ከብሒ ክዳን

pakaian

ክዳን

kaos kaki

ካልስታት

kaos kaki

ነዊሕ ካልስታት

baju ketat

ስረ ካልሲ.

syal
ሻርባ

payung
ጃንጥላ

kaos
ማልያ

sabuk
ቁልፊ

sepatu bot
ረፋዕ

sandal
ጫማ ገዛ

sepatu
ስኒከርስ

sandal
ሽበጥ

sepatu
ጫማ

sepatu bot karet
ረፋዕ ጎማ

celana dalam
ሙታንታ

BH
ክዳን ጡብ

baju rompi
ትሕተ ካሚቻ

body

በዲ

celana

ስረ

jeans

ጂንስ

rok

ቀምሽ

blus

ካምቻ

kemeja

ካሚቻ

aket berkerudung

ጉልፈ

sweater

ጎልፈ

jaket

ጃኬት

jaket

ጃከት

mantel

ጆባ

jas hujan

ክዳን ዝናብ

kostum

ኮስቱም

gaun

ቀምሽ

gaun pengantin

ቀምሽ መርዓ

setelan resmi

ልብሲ.

gaun tidur

ካሚቻ ለይቲ

piyama

ክዳን ለይቲ

sari

ሳሪ

jilbab

መሃረብ ርእሲ.

turban

ቁርባን

burka

ቡርካ

kaftan

ካፍታን

abaya

ኣባያ

pakaian renang

ክዳን መሕምበሲ.

celana renang

ስሪ መሕምበሲ.

celana pendek

ሓጺር ስሪ

olah raga

ክዳን ታዕሊም

celemek

በጃ ክዳን

sarung tangan

ጓንቲ

kancing

መልጎም

kacamata

መነጽር

gelang

በንናጅር

kalung

ማዕተብ

cincin

ቀለበት

anting

ኩትሻ

topi

ቆብዕ

gantungan mantel

መንበሪ ጃባ

topi

ባርኔጣ

dasi

ካርራቫት

ritsleting

ሻርኔጣ

helm

ሀልመት

tali selempang

መድልደል ስረ

seragam sekolah

ድቢዛ ቤትትምህርቲ

seragam

ድቢዛ

oto

ሰደርያ ቆልዓ

dot

ዓባስ

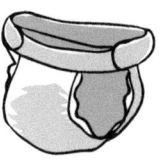

popok

ጨርቂ ማማይ

kantor

ቤት ጽሕፈት

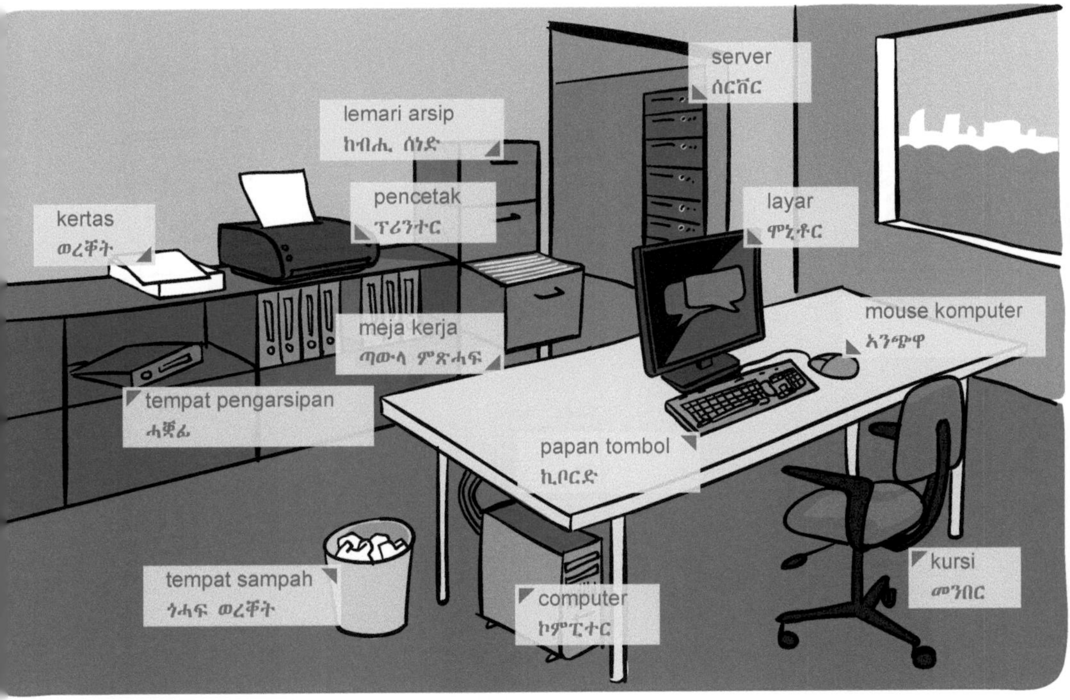

server
ሰርቨር

lemari arsip
ከብሒ. ሰነድ

pencetak
ፕሪንተር

layar
ሞኒቶር

kertas
ወረቐት

mouse komputer
ኣንጭዋ

meja kerja
ጣውላ ምጽሓፍ

tempat pengarsipan
ሓጺሬ

papan tombol
ኪቦርድ

kursi
መንበር

tempat sampah
ጎሓፍ ወረቐት

computer
ኮምፒተር

cangkir kopi

ብርጭቆ ቡን

kalkulator

ካልኩለተር

internet

ኢንተርኔት

laptop

ለፕቶፕ

surat

ደብዳበ

pesan

መልእኽቲ

telepon seluler

ሞባይል

jaringan

ነትወርክ/መርበብ

fotokopi

መቅድሒ ፎቶኮፒ

software

ሶፍትዌር

telepon

ተለፎን

plug soket

ሶከት ኣረንቲ

mesin fax

ፋክስ

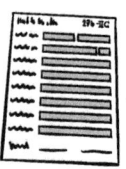

formulir

ፎርም

dokumen

ሰነድ

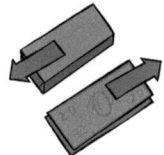

membeli

ገዝአ

membayar

ከፈለ

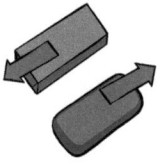

berdagang

ንግዲ

uang

ገንዘብ

Dollar

ዶላC

Euro

አይሮ

Yen

የን

Rubel

ሩበል

Franc Swiss

ስዊዝ ፍራንከን

Renminbi Yuan

ረንሚንቢ ዮዋን

Rupiah

ሩፕየ

ATM

መውጽኢ ማሺን ገንዘብ

kantor pertukaran mata uang

ቦታ ቅያር ገንዘብ

emas

ወርቂ

perak

ብሩC

minyak

ዘይቲ

energi

ሓይሊ

harga

ዋጋ

kontrak

ውዕል

pajak

ቀረጽ

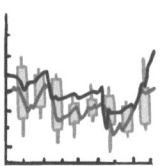

saham

እኩብ ጥሪ-ነገራት

bekerja

ሰርሓ

karyawan

ሰራሕተኛ

majikan

ኣስራሒ

pabrik

ትካል

toko

ዱኳን

petugas polisi
በዓል ፖሊስ

pemadam kebakaran
መጠፊኢ ሓዊ

pemasak
ከሻኒ

dokter
ሓኪም

pilot
መራሒ ነፋሪት

tukan kebun

ሰራሕትኛ ጀርዲን

tukang kayu

ጸራቢ ዕንጸይቲ

penjahit wanita

ሰፋይት

hakim

ፈራዳይ

ahli kimia

ቀማሚ

aktor

ተዋሳኢ

sopir bis

መራሒ አዉቶቡስ

sopir taksi

አዉቲስታ ታክሲ

nelayan

ገፋፊ ዓሳ

pembantu

ጸራጊት

tukang atap

ሃናጻይ ናሕሲ

pelayan

አሰላፊ

pemburu

ሃዳናይ

pelukis

ሰአላይ

tukang roti

እንዳ ሕብስቲ

tukang listrik

ኤለትሪከኛ

pembangun

ሃናጺ አባይቲ

insinyur

ሃንዳሲ

tukang daging

ሰራሕተኛ እንዳ ስጋ

tukang ledeng

ድራብሊኮ

tukang pos

አማላሳ ፖስጣ

tentara

ወተሃደር

arsitek

መሃንድስ

kasir

ተሓዝ ገንዘብ

penjual bunga

ሰራሕተኛ ዕምባባ

penata rambut

ቀም ቃማይ

konduktor

ፈተሪኖ

montir

መካኒክ

kapten

መራሒ መርከብ

dokter gigi

ሓኪም ስኒ

ilmuwan

ተመራማሪ

rabbi

ራቢ

imam

ኢማም

biarawan

ፈላሲ

pendeta

ቀሺ

alat

ናውቲ

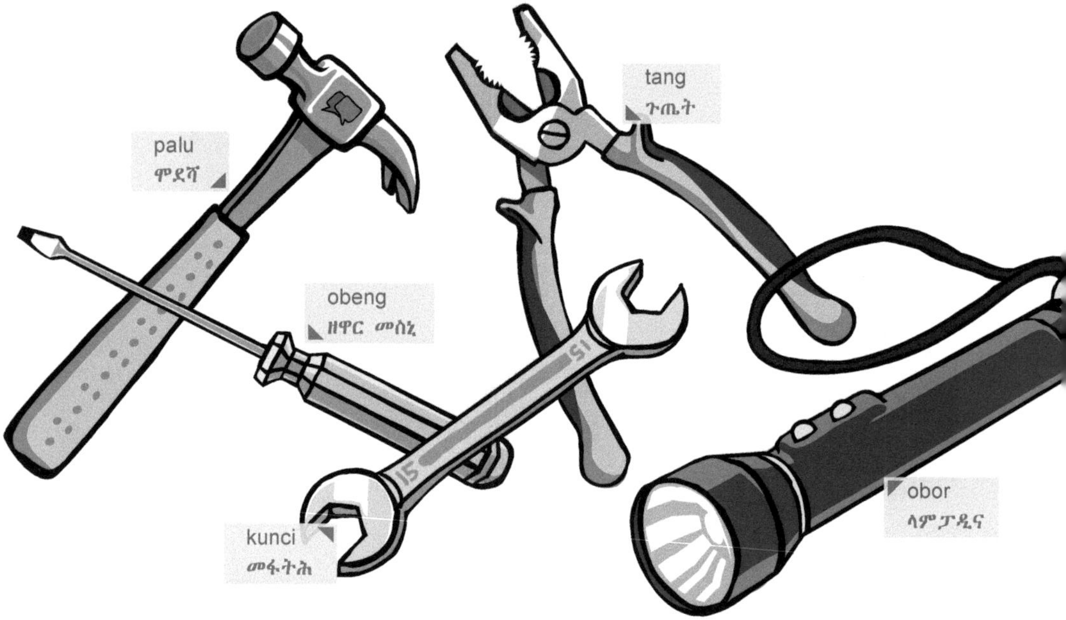
palu
ሞደሻ
tang
ጉጠት
obeng
ዘዋር መስኒ
kunci
መፍትሕ
obor
ላምፓዲና

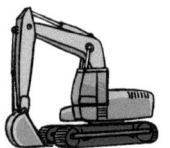

penggali

ፈሓሪ

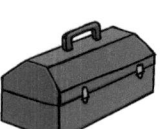

tas perkakas

ናውቲ ቦክስ

tangga

መደያይቦ

gergaji

መጋዝ

paku

መስማር

bor

ኰዓቲ

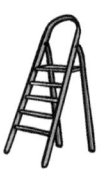

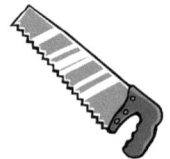

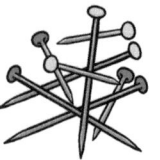

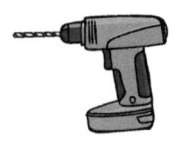

perbaikan

ምዕራይ

sekop

ባደላ

Sialan!

አይ!

cikrak

መትሓዚ ዶሮና

pot cat

ድስቲ ቀለም

sekrup

ካቻቢተ

alat musik

መሳርሒ ሙዚቃ

pengeras suara
እስፒከር

alat drum
ከበሮታት

gitar
ጊታር

bas
ረጉድ ዓባይ
ጊታር

trompet
ትሮምፐት

piano

ፒያኖ

violin

ቫዮሊን

bass

ባስ ጊታር

tambur

ቲምንኢ

drum

ከቦሮ

keyboard

ኦርጋን

saksofon

ሳክሶፎን

suling

ሻምብቆ

mikrofon

ሚክሮፎን

kebun binatang
መካነ እንስሳታት

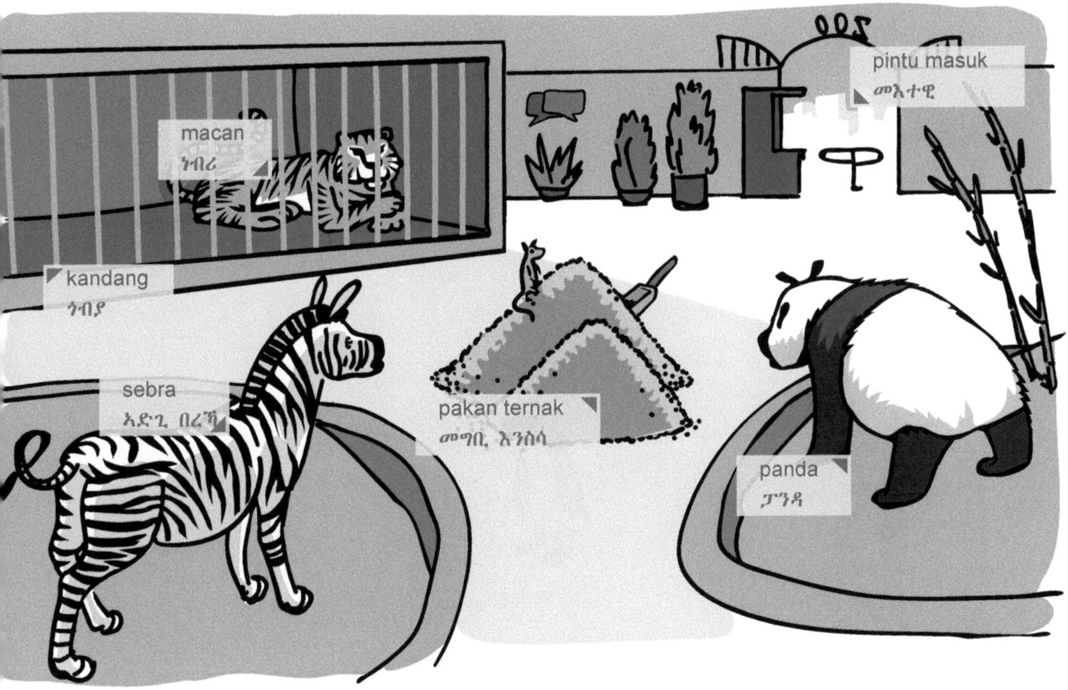

pintu masuk
መእተዊ
macan
ነብሪ
kandang
ጎብያ
sebra
አድጊ በረኻ
pakan ternak
መግቢ እንስሳ
panda
ፓንዳ

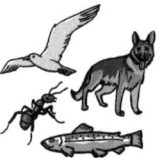

hewan

እንስሳታት

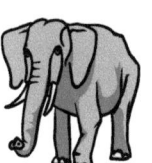

gajah

ሓርማዝ

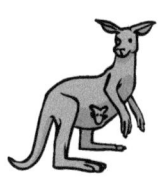

kanguru

ካንጋሩ

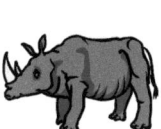

badak

ሓሪሽ

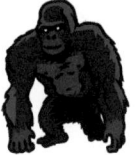

gorila

ጉሪላ

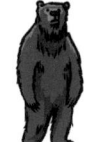

beruang

ድቢ

unta

ገመል

burung unta

ሰገን

singa

አንበሳ

monyet

ህበይ

flamingo

ፍላሚንጎ

burung beo

ሕንጻይ

beruang polar

ድቢ በረድ

penguin

ፐንጉን

hiu

ከልቢ ዓሳ

merak

ጣውስ

ular

ተመን

buaya

ሓርገጽ

penjaga kebun binatang

ሓላዊ ቤት ገርድሽ

segel

ዓሳ ዚምገብ እንስሳ ባሕሪ

jaguar

ጃጓር

kuda poni

ሓጹር ፈረስ

macan tutul

ነብሪ

kuda nil

ጉማረ

jerapah

ጂራፍ

burung elang

ሲላ

babi jantan

መፍለስ

ikan

ዓሳ

kura-kura

ጎብየ

anjing laut

ዋልሩስ

rubah

ወኻርያ

kijang

ሰስሓ

american football
ናይ ኣሜሪካ ኩዑሶ እግሪ

naik sepeda
ምግዛዋር ብሽግለታ

tennis
ተኒስ

basketbal
ባስከትባል

bernang
ም ሕምባስ

hoki es
ሆኪ በረድ

tinju
ቦክሲንግ

sepak bola
ኩዑሶ እግሪ

badminton
ባድሚንተን

atletik
እስፖርታዊ ንጥፈታት

bola tangan
ኩዑሶ ኢድ

main ski
ስኪ

polo
ፖሎ

aktivitas

ንጥፈታት

meloncat
ነጠረ
memeluk
ሓቖፈ
ketawa
ሰሓቐ
menyanyi
ደረፈ
berjalan
ከደ
mengimpi
ሓለመ
berdoa
ጸለየ
mencium
ሰዓመ

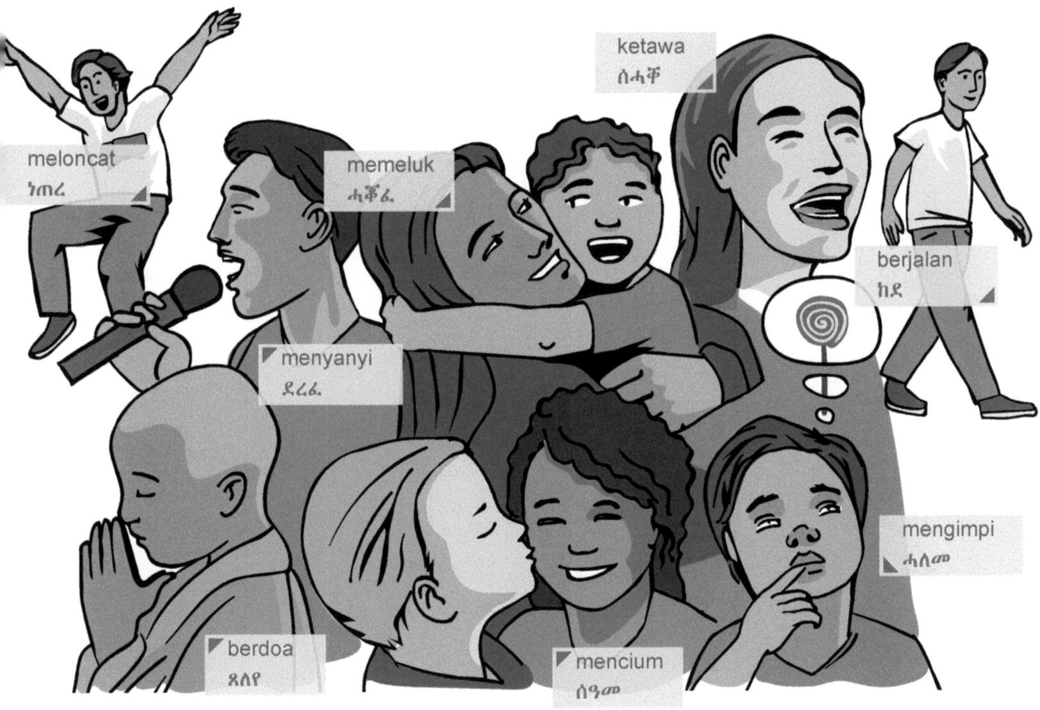

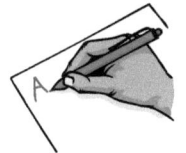

menulis

ጸሓፈ

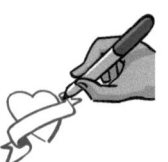

melukis

ሰኣለ

menunjuk

ኣርኣየ

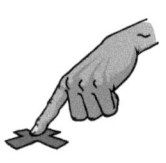

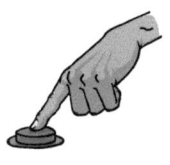

mendorong

ደፍአ

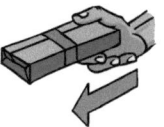

memberikan

ሃበ

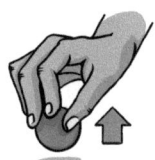

mengambil

ወሰደ

mempunyai

አለው

melakukan

ገበረ

adalah

ኮነ

berdiri

ጠጠው በለ

berlari

ጎየየ

menarik

ሰሓበ

melempar

ሰንደወ

jatuh

ወደቐ

tidur

ሓሰወ

menunggu

ተጸበየ

membawa

ሰከመ

duduk

ኮፍ በለ

berpakaian

ተኸድነ

tidur

ደቀሰ

bangun

ተስአ

melihat

ረአየ

menangis

በኸየ

mengelus

ብኦጻብዑ ደረዘ

menyisir

መሽጠ

berbicara

ተዛረበ

mengerti

ተረድአ

menanyak

ሓተተ

mendengar

ሰምዐ

minum

ሰተየ

makan

በልዐ

merapikan

አጽመጠ

cinta

አፍቀረ

memasak

ከሸነ

menyetir

ዘወረ

terbang

ነፈረ

berlayar

ብመርከብ ገየሽ

menghitung

ደመረ

membaca

አነበበ

belajar

ተመሃረ

bekerja

ሰርሐ

menikah

መርዓወ

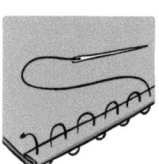

menjahit

ሰፈየ

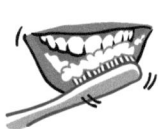

sikat gigi

ጽሬት አስናን

membunuh

ቀተለ

merokok

ሽጋራ ተከሸ

kirim

ሰደደ

nenek
ዓባየ

kakek
አቦሓጎ

bapak
አቦ

ibu
አደ

bayi
ማማይ

putri
ጓል

putra
ወዲ

tamu

ጋሻ

bibi

ሓትኖ

paman

አኮ

kakak laki

ሓው

kakak perempuan

ሓፍቲ

badan

ኣካላት

dahi
ግንባር
mata
ዓይኒ
muka
ገጽ
dagu
መንከስ
payudara
ኣፍ-ልቢ
jari
ኣጻብዕ
tangan
ኢድ
lengan
ምናት
bahu
መንኩብ
kaki
ሽፋን እግሪ

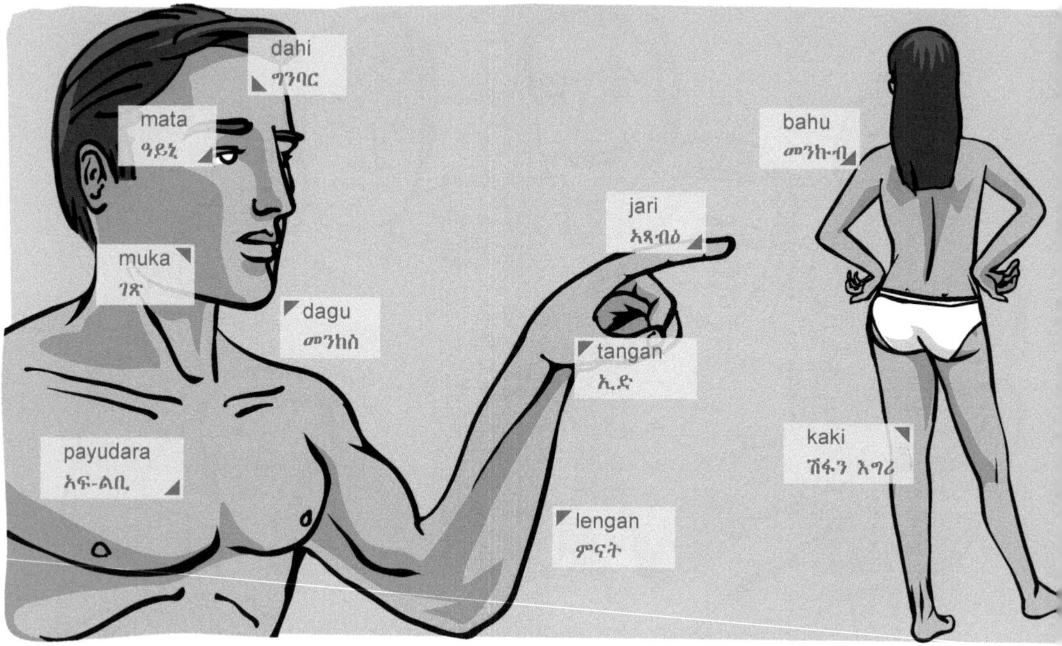

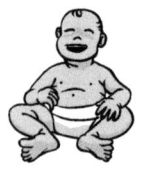

bayi

ማማይ

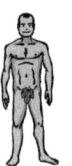

pria

ሰብኣይ

wanita

ሰበይቲ

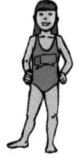

perempuan

ጓል

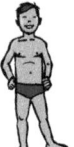

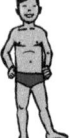

laki

ወዲ

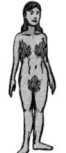

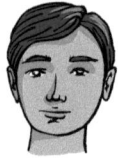

kepala

ርእሲ

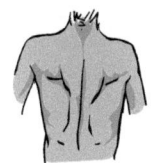

punggung

ሕቖ

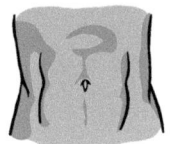

perut

ከስዐ

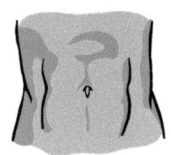

pusar

ሕምብርቲ

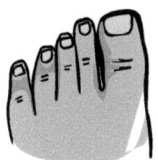

toe

ኣጻብዕ እግሪ

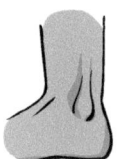

tumit

ኩርኹረ

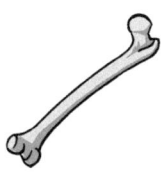

tulang

ዓጽሚ

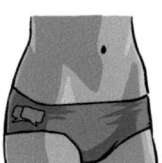

pinggang

ምሕኮልቲ

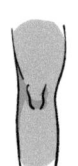

lutut

ብርኪ

siku

ፍግፍጉ

hidung

ኣፍንጫ

pantat

መዓኮር

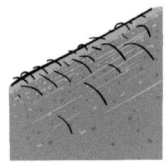

kulit

ቆርበት

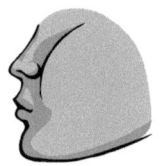

pipi

ምዕጉርቲ

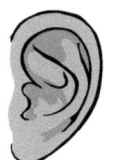

telinga

እዝኒ

bibir

ከንፈር

mulut

አፍ

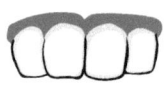

gigi

ስኒ

lidah

መልሓስ

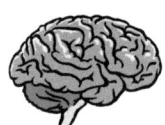

otak

ሓንጎል

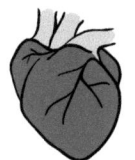

jantung

ልቢ

otot

ጭዋዳ

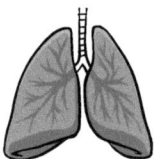

paru-paru

ሳንቡእ

hati

ጸላም ከብዲ

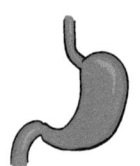

stomach

ከብዲ

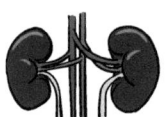

ginjal

ኮሊት

hubungan seks

ግብረ ስጋ

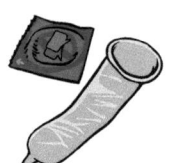

kondom

ኮንዶም

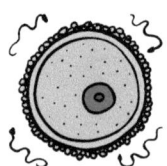

sel telur

እንቋቁሖ

sperma

ዘርኢ ተባዕታይ

kehamilan

ጥንሲ

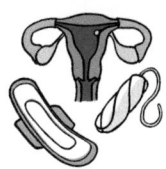

menstruasi

ጽግያት

vagina

ርሕሚ

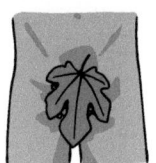

penis

መትሎ

alis

ሽፋሽፍቲ

rambut

ጸግሪ

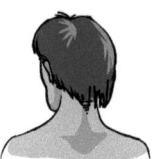

leher

ክሳድ

rumah sakit
ሆስፒታል

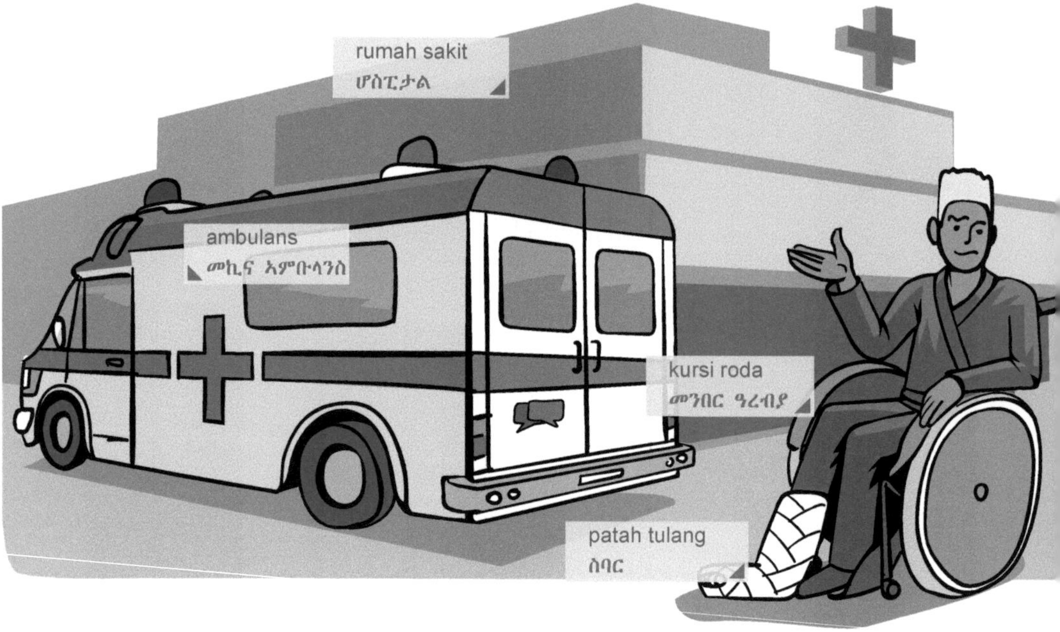

rumah sakit
ሆስፒታል
ambulans
መኪና ኣምቡላንስ
kursi roda
መንበር ዓረብያ
patah tulang
ስባር

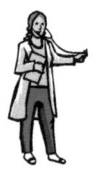

dokter

ሓኪም

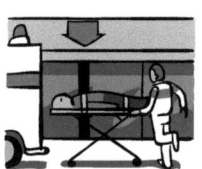

ruang darurat

ክፍሊ ህጹጽ ረድኤት

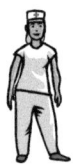

perawat

ኣላይት

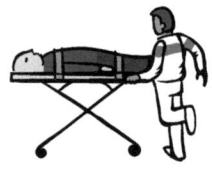

darurat

ህጹጽ ኩነት

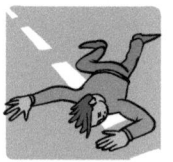

semaput

ውነኡ ዘጥፍአ

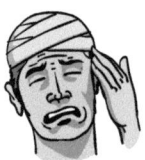

sakit

ቃንዛ

cedera

ጉድኣት

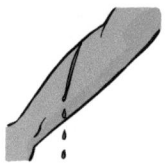

perdarahan

ደም

serangan jantung

ማህረምቲ

stroke

ማህረምቲ

alergi

ኣለርጂ

batuk

ሰዓል

demam

ረስኒ

flu

ኡንፍልወንዛ

diare

ውጽኣት

sakit kepala

ቃንዛ ርእሲ

kanker

መንሽሮ

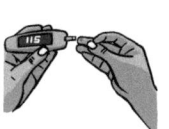

diabetes

ሹኮርያ

ahli bedah

ሓኪም መጥባሕቲ

pisau bedah

መጥብሒ

operasi

መጥባሕቲ

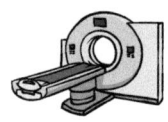

CT

CT

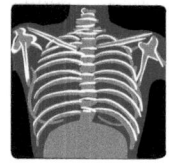

sinar x

ራጂ

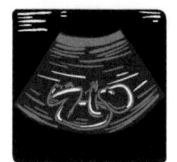

usg

ልዕለ ድምጻዊ

topeng

መሸፈኒ ገጽ

penyakit

ሕማም

ruang tunggu

ክፍሊ ምጽባይ

penyokong

ምርኩስ

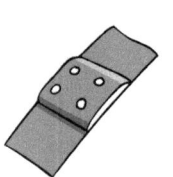

plester

መጅነኒ ቊስሊ

perban

መጅነኒ

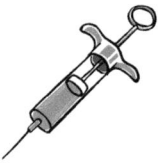

injeksi

መርፍዕ ምውጋእ

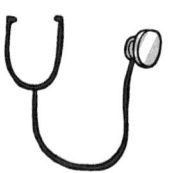

stetoskop

ስተቶስኮፕ

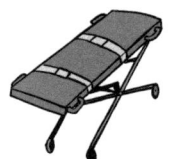

usungan

መስከሚ ሕማም

termometer klinis

ቴርሞመተር

kelahiran

ትውልዲ

kelebihan berat badan

ልዕለ-ሚዛን

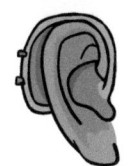

alat pendengar

ሓገዝ ምስማዕ

desinfektan

ኣንጻሒ

infeksi

ልበዳ

virus

ቫይረስ

HIV / AIDS

ኤድስ

obat

ሕክምና

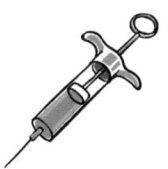

vaksinasi

ክታብ

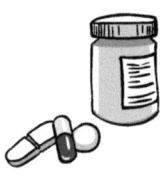

tablet

ከኒና

pil

ከኒና

panggilan darurat

ህጹጽ ምድዋል

ukur tekanan darah

መዕቀኒ ጸቕጢ ደም

sakit / sehat

ሕሙም / ጥዑይ

Tolong!

ሓገዝ

alarm

ኣላርም

penyerbuan

ምህጃም

serangan

መጥቃዕቲ

bahaya

ድንገት

pintu darurat

ህጹጽ መውጽኢ

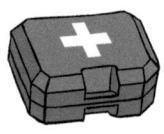

Api!

ሓዊ!

alat pemadam kebakaran

መጥፍኢ ሓዊ

kecelakaan

ሓደጋ

kit pertolongan pertama

ሳንጣ ቀዳማይ ረድኤት

SOS

SOS

polisi

ፖሊስ

Eropa

ኤውሮጳ

Amerika Utara

ሰሜን አመሪካ

Amerika Selatan

ደቡብ አመሪካ

Afrika

አፍሪቃ

Asia

ኤስያ

Australi

አውስትራልያ

Atlantik

አትላንቲክ

Pasifik

ፓሲፊክ

Samudra India

ህንዳዊ ዉቕያኖስ

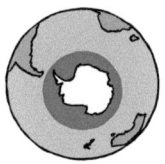

Samudra Antartika

አንታርቲካዊ ዉቕያኖስ

Samudra Arktik

አርክቲካዊ ዉቕያኖስ

kutub utara

ሰሜናዊ ዋልታ

kutub selatan

ደቡባዊ ዋልታ

Antarktika

አንታርቲካ

bumi

ምድሪ

tanah

መሬት

laut

ባሕሪ

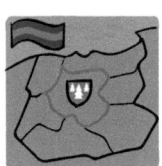

pulau

ደሴት

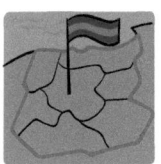

bangsa

ሃገር

negara

ዓዲ

jam wajah

ገጽ ሰዓት

jarum pendek

አመልካቲ ሰዓታት

jarum menit

አመልካቲ ደቓይቕ

jarum detik

አመልካቲ ካልኢት

Jam berapa?

ሰዓት ክንደይ ኣሎ?

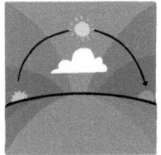

hari

መዓልቲ

waktu

ግዜ

sekarang

ሕጂ

jam digital

ዲጊታል ሰዓት

menit

ደቒቕ

jam

ሰዓት

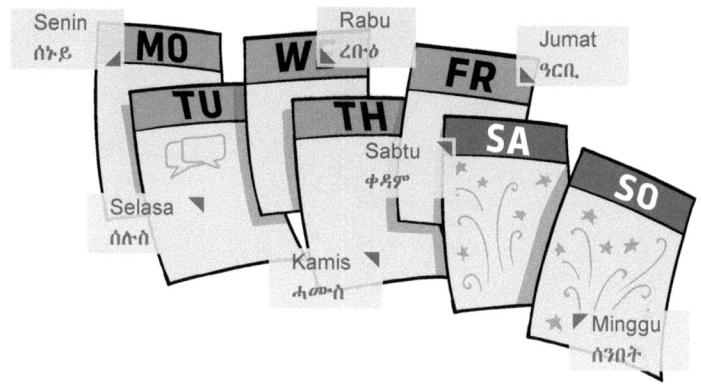

Senin
ሰኑይ

Rabu
ረቡዕ

Jumat
ዓርቢ

Selasa
ሰሉስ

Sabtu
ቀዳም

Kamis
ሓሙስ

Minggu
ሰንበት

kemaren

ትማሊ

hari ini

ሎሚ

besok

ጽባሕ

pagi

ንጎሆ

siang

ቀትሪ

malam

ምሸት

MO	TU	WE	TH	FR	SA	SU
1	2	3	4	5	6	7
8	9	10	11	12	13	14
15	16	17	18	19	20	21
22	23	24	25	26	27	28
29	30	31	1	2	3	4

hari kerja

መዓልታት ስራሕ

MO	TU	WE	TH	FR	SA	SU
1	2	3	4	5	6	7
8	9	10	11	12	13	14
15	16	17	18	19	20	21
22	23	24	25	26	27	28
29	30	31	1	2	3	4

akhir minggu

መወዳእታ ሰሙን

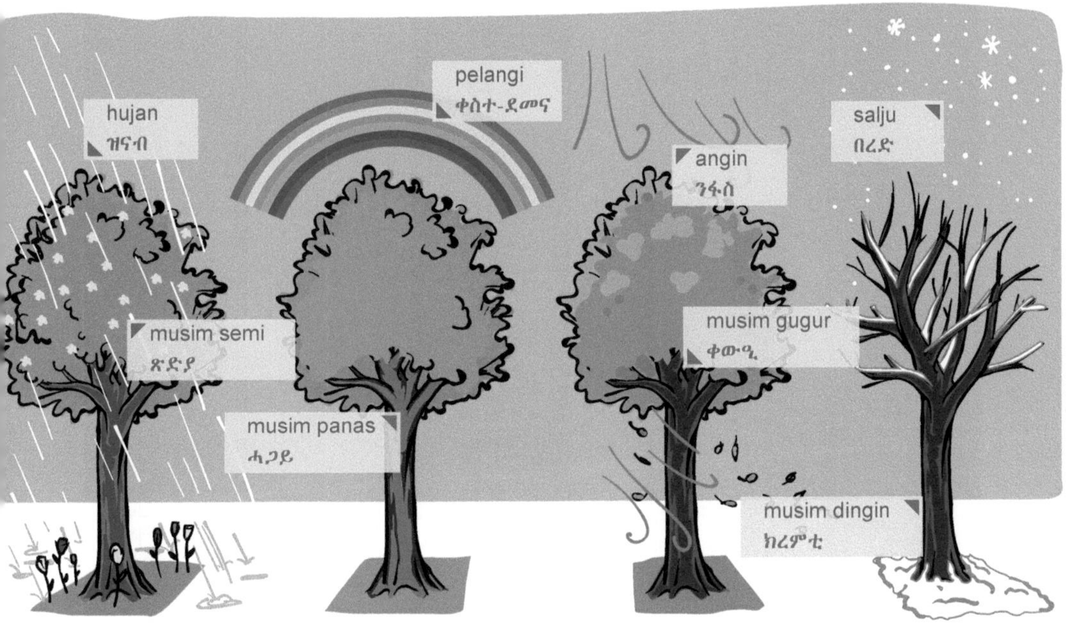

hujan
ዝናብ
pelangi
ቀስተ-ደመና
salju
በረድ
angin
ንፋስ
musim semi
ጽድያ
musim gugur
ቀውዒ
musim panas
ሓጋይ
musim dingin
ክረምቲ

4.APRIL 11°
5.APRIL 4°
6.APRIL 13°
7.APRIL 8°
8.APRIL 10°

ramalan cuaca

ትንቢት ኩነታት ኣየር

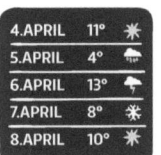

termometer

ቴርሞመተር

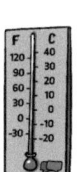

matahari

ብርሃን ጸሓይ

awan

ደበና

kabut

ግመ

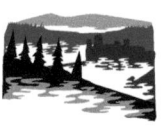

kelembahan

ጠሊ

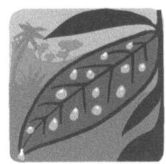

kilat

ብርቂ

guntur

ነጕዳ

badai

ህቦብላ

hujan es

በረድ

monsun

ብርቱዕ ህቦብላ

banjir

ውሕጅ

es

በረድ

Januari

ጥሪ

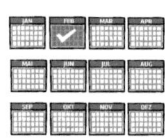

Februari

ለካቲት

Maret

መጋቢት

April

ሚያዝያ

Mei

ጉንበት

Juni

ሰነ

Juli

ሓምለ

Agustus

ነሓሰ

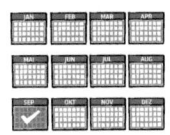

September
መስከረም

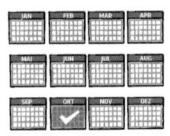

Oktober
ጥቅምቲ

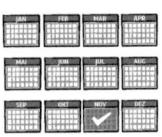

November
ሕዳር

Desember
ታሕሳስ

lingkaran
ዙርያ

persegi
ትርብዒት

persegi panjang
ቅኑዕ ርቡዕ ኵርናዕ

segi tiga
ስሉስ ኵርናዕ

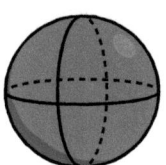

bola
ኵቢ

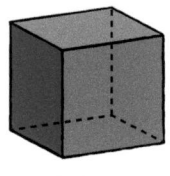

kubus
ኵቦ

putih

ጻዕዳ

kuning

ብጫ

oranye

አራንቺ

pink

ፒንክ

merah

ቀይሕ

ungu

ጁኽ

biru

ሰማያዊ

hijau

ቀጠልያ

coklat

ቡናዊ

abu-abu

ሓሙኽሽታይ

hitam

ጸሊም

banyak / sedikit

ብዙሕ / ውሑድ

marah / tenang

ሕሩቕ / ሰላማዊ

cantik / jelek

ጽቡቕ / ክፉእ

mulaih / selesai

መጀመርያ / መወዳእታ

besar / kecil

ዓቢ / ንእሽቶ

terang / gelap

ብሩህ / ጸልማት

saudara laki-laki / saudara perempuan

ሓው / ሓፍት

bersih / kotor

ጽሩይ / ርሳሕ

lengkap / tidak lengkap

ምሉእ / ዘይምሉእ

hari / malam

መዓልቲ / ለይቲ

mati / hidup

ሙዉት / ህልው

luas / sempit

ሰፊሕ / ጸቢብ

dapat dimakan / tidak dapat dimakan

ደስ ዘበል / ደስ ዘይብል

jahat / baik

እኩይ / ህያዋይ

bersemangat / bosan

ርቡጽ / ስልኩይ

gemuk / kurus

ረጊድ / ቀጢን

pertama / terakhir

ቀዳማይ / ናይ መወዳእታ

teman / musuh

ዓርኪ / ጸላኢ

penuh / kosong

ምሉእ / ባዶ

keras / lembut

ተሪር / ልስሉስ

berat / enteng

ከቢድ / ፈኵስ

lapar / haus

ጥምየት / ጽምየት

sakit / sehat

ሕሙም / ጥዑይ

ilegal / legal

ዘይሕጋዊ / ሕጋዊ

cerdas / bodoh

መስተውዓሊ / ስዲ

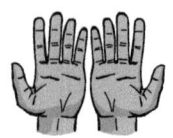

kiri / kanan

ጸጋም / የማን

dekat / jauh

ቀረባ / ርሑቅ

baru / bekas

ሓዲሽ / ብሉይ

tidak ada apapun / sesuatu

ዋላ ሓደ / ገለ

tua / muda

ዓቢ/ኣረጊት / መንእሰይ

nyala / mati

ወልዕ / ኣጥፍእ

buka / tutup

ክፋት / ዕጹው

tenang / keras

ህዱእ / ዓው

kaya / miskin

ሃብታም / ድኻ

benar / salah

ቅኑዕ / ግጉይ

kasar / halus

ሓርፋፍ / ልሙጽ

sedih / gembira

ጉሁይ / ሕጉስ

pendek / panjang

ሓጺር / ነዊሕ

pelan-pelan / cepat

ቀስ / ቅልጡፍ

basah / kering

ጥሉል / ንቑጽ

hangat / sejuk

ምዉቕ / ዝሑል

perang / damai

ውግእ / ሰላም

berlawanan - ኣንጻራት

87

0

nol

ዜሮ

1

satu

ሓደ

2

dua

ክልተ

3

tiga

ሰለስተ

4

empat

ኣርባዕተ

5

lima

ሓሙሽተ

6

enam

ሽዱሽተ

7

tujuh

ሽውዓተ

8

delapan

ሽሞንተ

9

sembilan

ትሽዓተ

10

sepuluh

ዓሰርተ

11

sebelas

ዓሰርተ ሓደ

12

duabelas

ዓሰርተ ክልተ

13

tigabelas

ዓሰርተ ሰለስተ

14

empatbelas

ዓሰርተ ኣርባዕተ

15

limabelas

ዓሰርተ ሓሙሽተ

16

enambelas

ዓሰርተ ሽዱሽተ

17

tujuhbelas

ዓሰርተ ሸውዓተ

18

delapanbelas

ዓሰርተ ሸሞንተ

19

sembilanbelas

ዓሰርተ ትሸዓተ

20

duapuluh

ዕስራ

100

seratus

ሚእቲ

1.000

seribu

ሽሕ

1.000.000

juta

ሚልዮን

Inggris

እንግሊዝኛ

bahasa Inggris Amerika

አመሪካዊ እንግሊዛዊ

bahasa Cina Mandarin

ቻይናዊ ማንዳሪን

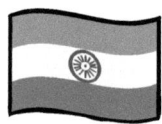

bahasa Hindi

ሂንዳዊ

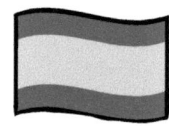

bahasa Spanyol

እስጳኛዊ

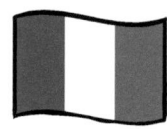

bahasa Perancis

ፈረንሳዊ

bahasa Arab

ዓረባዊ

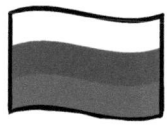

bahasa Rusia

ሩሲያዊ

bahasa Portugis

ፖርቱጋላዊ

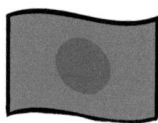

bahasa Bengal

በንጋሊ

bahasa Jerman

ጀርመናዊ

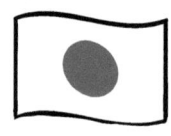

bahasa Jepang

ጃፓናዊ

saya

አነ

kamu

ንስኻ/ኺ

dia

ንሱ / ንሳ / ንሱ

kita

ንሕና

kalian

ንስኻ

mereka

ንሳቶም

siapa?

መን?

apa?

እንታይ?

begaimana?

ከመይ?

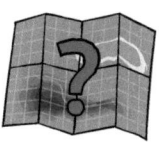

dimana?

አበይ?

kapan?

መዓስ?

nama

ሽም

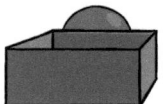

dibelakang

ድሕሪ

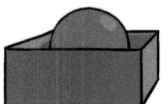

di

አብ

didepan

አብ ቅድሚ

diatas

አብ ላዕሊ

diatas

አብ ልዕሊ

dibawah

ትሕቲ ምድሪ

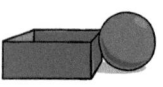

sebelah

አብ ጥቓ

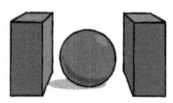

di antara

አብ መንጎ

tempat

ቦታ